OBSERVATIONS

SUR LA RÉSOLUTION

DU CONSEIL DES CINQ-CENTS,

Du 23 Brumaire, an 6, touchant la suspension des ventes de domaines nationaux.

TOUTE loi qui, par ses dispositions, produit un effet rétroactif, attaque l'organisation sociale, détruit la confiance, et paralyse toutes les spéculations. Tout Français doit compter sur l'immuabilité des lois de son pays ; elles doivent protéger sa personne et ses propriétés. Si donc il a acquis en vertu d'une loi et d'après ses dispositions, il ne peut être dépossédé par une autre loi postérieure. C'est cependant l'effet que produiroit la résolution du 23 brumaire, si elle pouvoit être adoptée par le conseil des anciens.

Les transactions ne peuvent être jugées que conformément aux lois préexistantes. Celles survenues postérieurement ne peuvent en aucune manière influer sur ce qui s'est passé antérieurement.

Ainsi, si la résolution du 23 brumaire étoit convertie en loi, elle ne pourroit constitutionelle-

A

ment s'appliquer qu'aux ventes de dates posté-
rieures ; mais comme cette résolution contient des
dispositions qui paroissent contraires à ces principes, on va en faire connoître les inconvéniens.

La loi du 28 ventôse a laissé, à tout porteur de
mandats, la faculté de soumissionner un bien
national ; celle du 13 thermidor, porte article 5,
que le quatrième quart du prix des biens soumissionnés, sera acquitté en six paiemens égaux, de
trois en trois mois ; l'article 7 de la même loi, dit
que ceux qui ne paieroient pas aux termes mar-
qués par l'article 5, encoureroient la déchéance.

Ces articles vont recevoir leur application dans
l'espèce ci-après.

Il dépendoit de la succession de Chrétien-
Guillaume Lamoignon-Malesherbes, un domaine
au département des Deux-Sèvres, indivis pour
moitié entre la nation et les héritiers, plusieurs
citoyens de ce département ont soumissionné
diverses métairies, prés et autres morceaux de
terre dépendant de ce domaine. De leur côté, les
petits enfans et arrières-petits enfans dudit Malesherbes, ont couvert ces soumissions partielles,
par une soumission générale de tous les droits de
la République dans ce même domaine, et fort de
la loi du 6 floréal, an 4, ils ont fait former op-

position à ce qu'il fut délivré contrats aux soumissionnaires partiels , motivée sur ce que ces soumissions étoient irrégulières et nulles.

, Cet acte a donné lieu à une espèce de lutte entre les soumissionnaires généraux et partiels ; les difficultés ont d'abord été soumises au département des Deux-Sèvres , et par suite au ministre des finances. Pendant ce tems , les termes de paiement sont échus et se sont succédés. Quelques-uns des soumissionnaires partiels ont effectué le versement du troisième quart en mandats, valeur nominale de leurs soumissions : un seulement a payé le premier sixième du dernier quart en mandats valeur au cours , échu au 10 vendémiaire, an 5 , et n'ont ensuite fait aucun autre paiement, tandis que les soumissionnaires généraux ont effectué tous les paiemens conformément aux lois.

Par ce défaut de paiement , les soumissionnaires partiels étoient tombés en déchéance, et la question sur la validité des soumissions partielles n'avoit plus d'objet, aussi le ministre des finances, par sa lettre du 8 ventôse , a décidé que les soumissionnaires partiels étoient déchus et qu'il devoit être passé contrat aux soumissionnaires généraux.

Cependant le département des Deux-Sèvres crut devoir soumettre à la décision du ministre de nouvelles observations touchant l'opposition en question, et la loi du 17 ventôse, qui relevoit de la déchéance les soumissionnaires déchus.

Le ministre, dans sa lettre du 13 germinal, an 5, en réponse à la demande du département, s'exprime ainsi :

« Je croyois avoir établi clairement par ma
» lettre, du 8 ventôse, la différence qu'il y avoit
» à mettre entre des soumissionnaires dont les ac-
« quisitions étoient retardées par suite d'oppositions
» causées pour réclamation de propriété ou par
» autres empêchemens provenant du fait des au-
» torités supérieures, et des soumissionnaires, qui,
» pour raison de difficultés suscitées par des con-
» currens, n'avoient point encore obtenu leurs
» contrats. Je vous ai marqué que les soumission-
» naires de cette seconde classe avoient dû conti-
» nuer leurs paiemens, et qu'à défaut de ce, la dé-
» chéance qu'ils avoient encourue devoit profiter
» à ceux qui justifioient avoir effectué tous les
» paiemens aux époques prescrites par les lois.

» Vous ne pouvez ignorer d'ailleurs que la loi
» ne permettoit d'admettre d'opposition aux alié-
» nations, qu'autant que les opposans auroient
» prétendu qu'un domaine présumé national étoit
» leur propriété patrimoniale. L'opposition que

(5)

» vous annoncez avoir été faite par les héritiers
» Malesherbes n'avoit point pour objet la récla-
» mation de propriété de la portion afférante à
» la République dans les biens de cette succession,
» puisqu'ilsavoient eux-mêmes soumissionné cette
» portion ; elle ne pouvoit donc être rangée dans
» la classe des oppositions qui autorisoient les
» soumissionnaires à suspendre les paiemens des
» termes exigibles. Elle tendoit seulement à élever
» entre les soumissionnaires et les héritiers pos-
» térieurs, un débat de concurrence et de validité
» de soumission, qui ne pouvoit dispenser les uns
» et les autres de continuer les consignations aux
» époques déterminées par les lois.

» On ne pourroit non plus invoquer en faveur
» des soumissionnaires partiels, le bénéfice de la
» loi du 17 ventôse dernier, 1°. parce que d'après les
» pièces visées dans ma lettre du 8 du même mois,
» un seul d'entr'eux avoit payé le premier sixième
» du quatrième quart, sans avoir depuis acquitté
» le second ; qu'ainsi, sous ce rapport, le relevé de
» déchéance, que prononce la loi précitée, seroit
» applicable à celui-là seulement, puisque l'article
» premier de cette loi, n'accorde cette faveur
» qu'à ceux qui n'auroient pas satisfait entièrement
» au paiement des sommes échues sur les deux
» premiers sixièmes, d'où il résulte clairement

A 3

» que ceux qui n'ont fait aucun paiement sur le
» quatrième quart, ne peuvent être admis au bé-
» néfice de la loi ; 2°. elle ne *concerne d'ailleurs*
» *que les soumissionnaires dont la déchéance*
» *ne profite qu'à la république ; les législateurs*
» *ont pu se départir à son égard de la rigueur*
» *des premières lois ; mais ils n'ont point entendu*
» *faire cette grace au préjudice des droits acquis*
» *à des tiers.* Or, des soumissionnaires postérieurs
» qui ont fait avec exactitude tous leurs paiemens,
» ont acquis les droits de ceux , qui , quoique
» premiers en date, n'ont pas continué leurs paie-
» mens. La loi n'a point repoussé les derniers pour
» remettre les premiers au rang dont leur inexac-
» titude les avoit fait déchoir , et il n'est aucune
» de ses dispositions dont on puisse induire un
» système aussi contraire aux règles de la justice;
» la faveur que la loi accorde n'est donc et ne peut
» être que , *servato jure alieno* ».

D'après ces différentes considérations je per-
siste , etc.

En conséquence de cette seconde lettre , le département des Deux-Sèvres , par son arrêté du 5
floréal , prononça la déchéance des soumissionnaires partiels.

Ceux-ci né s'en tinrent pas là , ils présentèrent

(7)

leur pétition au corps législatif, le conseil des cinq-cents la renvoya au directoire exécutif, et le directoire pour prononcer en connoissance de cause, ordonna que rapport lui seroit fait de cette affaire par le ministre des finances. Ce rapport a eu lieu, et le directoire exécutif par son arrêté du premier jour complémentaire, an 5, a confirmé les décisions du ministre et l'arrêté du département des Deux-Sèvres, du 5 floréal précédent. Il est à propos d'en faire connoître ici les dispositions ; en voici la copie littérale.

Extrait des registres des délibérations du directoire exécutif, du premier jour complémentaire de l'an cinquième de la République française, une et indivisible.

Le directoire exécutif, vu 1°. une lettre écrite par le département des Deux-Sèvres, au ministre des finances, le 4 frimaire, an 5, et par laquelle cette administration le consulte sur l'exécution de la disposition de la loi du 6 floréal, an 4, relative à la vente des biens indivis.

2°. Une lettre du même ministre, en réponse à la précédente, et contenant les développemens nécessaires à cet égard.

A 4

3°. Une seconde lettre de la même administration départementale, du 14 pluviôse, ayant pour
objet de présenter des observations sur la déchéance des soumissionnaires qui n'auroient pas
effectué leurs paiemens en temps utile.

4°. Une pétition des petits enfans et arrière-pe-
tits enfans de feu Lamoignon-Malesherbes, ten-
dante à obtenir la délivrance du contrat d'alié-
nation du domaine de Chefboutonne, par eux
soumissionné et provenant de leur auteur.

5°. Un certificat délivré par le receveur des
domaines nationaux au bureau de Niort, portant
que la loi du 13 thermidor, an 4, qui ordonnoit
le paiement du quatrième quart en numéraire du
prix des acquisitions faites en exécution de la loi
du 28 ventôse, avoit été publiée et avoit commencé à avoir son exécution, le 23 du même mois
de thermidor; que la clôture pour le paiement du
premier sixième avoit eu lieu le 10 vendémiaire,
an 5; que ceux qui n'avaient pas satisfait à la loi
à cette époque, se sont trouvés déchus; qu'il en
est de même de ceux qui n'avaient pas payé le
second sixième au 10 nivôse; ledit certificat attes-
tant en outre que des soumissionnaires partiels du
domaine de Chefboutonne, il n'en est qu'un qui
ait payé le premier sixième, sans avoir acquitté
le second.

6°. Dix-huit extraits des registres des dépôts, fait conformément à la loi du 28 ventôse précitée, desquels il résulte que les soumissionnaires partiels de ce domaine n'avoient pas effectué en tems utile les paiemens des sixièmes exigibles du quatrième quart, et qu'au contraire, les héritiers Malesherbes ont satisfait à ces mêmes paiemens.

7°. Une lettre du ministre des finances, en date du 8 ventôse, an 5, laquelle, d'après les conditions résultantes des pièces ci-dessus citées, autorise les administrateurs du département des Deux-Sêvres à passer contrat aux héritiers Malesherbes des objets par eux soumissionnés, et à faire restituer, sans délai et sans frais, aux soumissionnaires déchus, les mandats par eux consignés, et ce, en suivant le mode prescrit par la loi du 16 pluviôse précédent.

8°. Un arrêté du même département, du 16 ventôse, portant un nouveau référé au ministre des finances, et de nouvelles observations sur les droits des soumissionnaires partiels.

9°. Une troisième lettre du même ministre des finances, en date du 13 germinal, contenant réponse aux observations du département et confirmation de sa décision du 8 ventôse, déja citée.

10°. Un autre arrêté de la même administration, du 5 floréal dernier, prononçant en conformité des décisions du ministre des finances, la déchéance contre les soumissionnaires partiels qui ne s'étoient pas conformé aux dispositions de la loi du 13 thermidor, et décernant le bénéfice de cette déchéance aux soumissionnaires généraux.

11°. Les pétitions des citoyens Fontaneau, Ozillat et autres soumissionnaires partiels du domaine de Chefboutonne, adressées au conseil des cinq-cents, et par lui renvoyées au directoire exécutif, le 25 prairial, lesquelles pétitions ont pour objet de réclamer contre les décisions du ministre susvisées, et sont principalement motivées, 1°. sur un arrêté de l'administration du département des Deux-Sèvres, du 19 fructidor, an 4, lequel autorisoit le citoyen Boudolt Champly, soumissionnaire d'un pré, dont la propriété étoit en litispendance devant les tribunaux, à suspendre ses paiemens ; 2°. sur les dispositions de la loi du 17 ventôse, an 5, qui relève de la déchéance les soumissionnaires en retard d'effectuer leurs paiemens.

12°. Expédition dudit arrêté, du 19 fructidor.

Vu enfin l'instruction, du 6 floréal, an 4, pour l'exécution de la loi du 28 ventôse précédent, la loi du 13 thermidor de la même année, relative au paiement du quatrième quart en numéraire, la loi du 17 ventôse, an 5, qui relève de la déchéance, les acquéreurs de domaines nationaux en retard d'effectuer les paiemens du quatrième quart.

Ouï le rapport du ministre des finances ;

Considérant qu'il résulte des dispositions des articles 5 et 7 de la loi du 13 thermidor, que les soumissionnaires en retard de payer aux échéances déterminées, les termes exigibles du quatrième quart du prix des biens nationaux aliénés en exécution de celle du 28 ventôse, ont encouru la déchéance ;

Considérant qu'il est constant par le certificat du receveur des domaines près le département des Deux-Sêvres, que les soumissionnaires partiels du domaine de Chefboutonne se trouvoient déchus, faute d'avoir effectué ces paiemens au 10 vendémiaire et 10 nivôse, an 5, époques fatales pour le versement des premier et second sixièmes du quatrième quart, d'après la date de la publication de la loi du 13 thermidor, dans ce département;

Considérant, qu'au contraire, les héritiers Lamoignon-Malesherbes, soumissionnaires de ce domaine, avoient, aux mêmes époques, consigné les trois premiers quarts et les deux premiers sixièmes du quatrième quart;

Considérant que les contestations survenues entre les soumissionnaires partiels et généraux, ne pouvaient être une raison pour les dispenser de continuer leurs paiemens aux termes voulus par les lois, qu'autrement rien n'eût été plus facile aux soumissionnaires que d'éluder l'exécution de ces lois par des intelligences frauduleuses;

Considérant qu'aucune loi n'autorisoit cette suspension de paiement;

Considérant que l'arrêté du département des Deux-Sêvres, rendu pour un cas particulier et dans une espèce toute différente, ne peut être utilement invoqué par les soumissionnaires partiels des biens dont il s'agit;

Considérant que ceux de ces soumissionnaires partiels qui n'avoient pas encore commencé le paiement des premier et deuxième sixièmes du quatrième quart, ne sont pas plus fondés à réclamer le bénéfice de la loi du 17 ventôse, an 5, puisqu'il résulte clairement de ses dispositions, qu'elle n'entend relever de la déchéance que ceux qui restoient seulement débiteurs d'une portion de ces deux premiers sixièmes;

Considérant que cette loi ne peut d'ailleurs s'appliquer qu'aux soumissionnaires dont la déchéance ne profitoit qu'à la république, parce que des soumissionnaires, quoique postérieurs, qui ont fait avec exactitude tous leurs paiemens, ont acquis les droits de ceux qui, premiers en date, se sont laissés déchoir à défaut de paiement en tems utile, et que la justice ne peut permettre d'accorder une faveur au préjudice d'un tiers et au mépris de ses droits.

Approuve et confirme l'arrêté pris par l'administration centrale du département des Deux-Sèvres, le 5 floréal dernier, en exécution des décisions du ministre des finances, des 8 ventôse et 13 germinal précédens.

Ordonne que cet arrêté sera exécuté selon sa forme et teneur ; charge le département des Deux-Sèvres de faire pourvoir sans délai au remboursement des consignations faites par les soumissionnaires partiels qui ne se sont pas conformés aux dispositions de la loi du 13 thermidor, an 4, et ce, d'après le mode établi par la loi du 16 pluviôse.

Le ministre des finances est chargé de l'exécution du présent arrêté, qui ne sera pas imprimé.

Pour expédition conforme, le président du directoire exécutif. *Signé*, L.-M. REVEILLÈRE-LÉPEAUX.

Par le directoire exécutif, le secrétaire général, *Signé*, LAGARDE.

Pour copie conforme,

Le ministre des finances.

D.-V. RAMEL.

D'après les principes développés dans la lettre du ministre et l'arrêté du directoire exécutif, il est constant que les héritiers Malesherbes, et tous ceux qui sont dans semblable position , sont propriétaires incommutables des biens qu'ils ont soumissionné. Aucune loi ne peut les en dépouiller sans opérer un bouleversement général. Cependant la résolution du conseil des cinq-cents , du 23 brumaire dernier, sur la suspension des ventes de domaines nationaux , semble par ses articles 4, 5 et 6 du titre 2 , dépouiller les véritables acquéreurs de leurs propriétés , pour les remettre entre les mains de ceux qui ont gardé leurs fonds, et qui ont spéculé avec pour leur propre intérêt, de ceux enfin qui n'ont rien fait pour acquérir et devenir propriétaires.

Le conseil des anciens verra sans doute que les articles précités de la résolution du 23 brumaire dernier, sont contraires aux règles de la justice, et qu'ils portent avec eux un effet rétroactif subversif de tous les principes reçus dans un pays libre et policé.

De l'Imprimerie de ROUSSEAU, rue Dominique, N°. 8, près la place Michel.

9 782014 038293